DELIUS KLASING

MOMENTE DER TOUR

Impressionen aus
90 Jahren
Tour de France

Texte von Philippe Delerm

Delius Klasing Verlag

Die Tour de France
lebt von unseren Erinnerungen

Die Originalausgabe dieses Buches erschien unter dem Titel »Au Bonheur du Tour«
bei Éditions Prolongations, Issy-Les-Moulineaux/Frankreich.

Bibliografische Information der Deutschen Nationalbibliothek
Die Deutsche Nationalbibliothek verzeichnet diese Publikation in der
Deutschen Nationalbibliografie; detaillierte bibliografische
Daten sind im Internet über http://dnb.d-nb.de abrufbar.

1. Auflage
ISBN 978-3-7688-5291-3

Schutzumschlaggestaltung: Buchholz/Hinsch/Hensinger, Hamburg
Übersetzung: Angela Petz
Druck: Kunst- und Werbedruck, Bad Oeynhausen
Printed in Germany 2009

Delius Klasing Verlag, Siekerwall 21, D-33602 Bielefeld
Tel.: 0521/559-0, Fax: 0521/559-115
E-Mail: info@delius-klasing.de
www.delius-klasing.de

Ja, in Großbritannien strömten wahre Menschenmassen zum Buckingham-Palast, um den Prolog zu sehen. Ja, auch in Belgien und Frankreich war das Zuschauerinteresse wieder ungebrochen. Und ja, auch bei der letzten Tour de France drängten sich in Joigny und Autun die Fans am Straßenrand. Dennoch: Wir stehen an einem Wendepunkt. »Ich glaube das alles nicht mehr, mir können die nichts mehr vormachen!«, so lautete der allgemeine Konsens unter den Zuschauern in den Bergen. Mit diesem »die« sind Fahrer, Organisatoren und Medien gemeint. Doch was wäre eine Tour de France ohne Berichte in den Zeitungen und im Fernsehen? In einigen Ländern wird man diesen Weg wohl gehen. In anderen Ländern wird *business as usual* betrieben werden. Und in wieder anderen werden Journalisten weiter über die Tour berichten, dabei manche Artikel aber lieber nicht schreiben und bestimmte Bilder auslassen. Und in Frankreich wird man vielleicht sogar zum ersten Mal hoffen, dass am 14. Juli kein Franzose gewinnt!

Es gibt aber auch all diejenigen, die – wie ich – zwar nicht mehr möchten, dass ihnen etwas vorgemacht wird, die aber trotz aller Tricks, Betrügereien und Lügen nur zu gerne weiter an die Tour glauben möchten. Die Gründe dafür liegen tief und haben zugegebenermaßen nicht viel mit Vernunft zu tun: Die Tour de France ist zumindest in Frankreich Teil des Kulturerbes, und das spüren Franzosen von Kindheit an.

Denn schon als wir im Sommer zum ersten Mal im Sand spielten, ging es um die Tour de France: Ich hatte Fahrerfiguren, zuerst aus Metall, später aus Plastik. Nach den Nationaltrikots kamen Mercier BP Hutchinson, Peugeot und Faema, und sie alle waren mir gleich lieb. Das kleine dunkelgelbe Trikot von Poulidor fühlte sich für mich genauso warm und weich an wie sein echtes Trikot, das ich in Farbe in der Zeitschrift *Paris Match*, in Schwarz-Weiß im Fernsehen und in Grün-Braun in der Zeitschrift *Miroir Sprint* gesehen hatte. Die Zweikämpfe dieser Epoche wurden in den Medien wieder und wieder geschildert, und als Kinder wussten wir sie genauso sicher auswendig aufzusagen wie das kleine Einmaleins. Ich bin 1950 geboren, hier meine »Eckdaten«: 1956 Walkowiak, 1957 Anquetil, 1958 Charly Gaul, 1959 Bahamontes, 1960 Nencini. Aber das ist noch lange nicht alles, denn wir wussten auch über die vorherigen Touren Bescheid; und das, ohne sie selbst erlebt zu haben. Unsere Helden konnten schließlich nur vor dem Hintergrund der gesamten Tour-Geschichte konkrete Gestalt annehmen. Und auch die Helden der Gegenwart, denen wir seit Armstrong, Landis, Rasmussen und Co. nur noch zögernd unser Vertrauen schenken können, zehren von dieser Vergangenheit.

Selbstverständlich meinten wir, längst alles über Doping zu wissen. Schließlich erklärte bereits Jacques Anquetil ohne Scheu: »Sie werden doch nicht etwa glauben, dass es möglich ist, nur mit klarem Wasser fünf Mal die Tour de France zu gewinnen?« Dazu kamen die zahlreichen Fahrergeständnisse, der plötzliche Tod von Tom Simpson und der Tod des drogenkranken Marco Pantani nach seiner aktiven Karriere. Wie lange schon hät-

Durst und die Jagd auf Flüssiges – auch das sind bei der Tour de France wiederkehrende Motive. Unvergesslich bleiben die Bilder von Zaaf, wie er nach dem Genuss einer leicht trüben Flüssigkeit schlafend in den Weinbergen liegt. Sommer in Frankreich, das bedeutet Erntezeit und Hitze; die Tour de France-Fahrer müssen große Qualen erleiden. Ein einsames Leiden jedoch ist es nicht: Die Fahrer haben Helfer, deren Aufgabe es ist, zum Begleitfahrzeug zu fahren und Wasserflaschen zu holen. Es wird ihnen also zugearbeitet. Und wenn sich eine entsprechende Gelegenheit bietet, schlüpft auch der Zuschauer gerne in die Helferrolle. Der Café-Besitzer, der Eisverkäufer, der Lebensmittelhändler – sie alle leisten ihren Beitrag, ob freiwillig oder unfreiwillig. Zahlreiche Anekdoten ranken sich darum, wie es in manchen Läden zu wahren Plünderungen kam.

Der Durst bei der Tour de France ist ein Motiv mit zwei Facetten: Die Fahrer sind durstig, und die Zuschauer lechzen nach der Tour. Es handelt sich dabei um ein durchaus ausgewogenes Verhältnis, bei dem es weder Stärkere noch Schwächere gibt. Die Fahrer nehmen durch ihren Durst ihre Umgebung erst richtig wahr: Sie sind immer auf der Suche nach einer Gelegenheit, an einem Brunnen zu trinken oder sich, wenn die Tour am Mittelmeer vorbeiführt, vielleicht sogar in die Fluten zu stürzen. Bei den ersten Ausgaben der Tour waren die Etappen viel länger als heute. Die Fahrer fuhren noch nicht so eng zusammen, und das Renngeschehen war weniger kompakt. Auch wenn strategische Überlegungen sicherlich bereits eine Rolle spielten, blieb damals noch Raum für Fantasie, Cleverness und auch für Situationskomik.

»Hauptsächlich verfolge ich die Tour de France wegen der schönen Landschaftsbilder«, so die Aussage meiner alten Großmutter in den 1970er-Jahren. Sie hatte also bereits Zugang zu den Fernsehbildern, durch die sich die Zuschauerperspektive deutlich veränderte. Die sportlichen Aspekte hingegen waren ihr weniger wichtig: »Hat eigentlich immer noch XY das Gelbe Trikot?« Für sie spielte sich der wichtigste Teil des Geschehens nicht auf, sondern an der Strecke ab. In der Natur abseits der Straße, abseits des Wettbewerbs. Aber hätte ihr ein reiner Dokumentarfilm über die französischen Regionen ohne die Tour de France dieselbe Freude bereitet? Denn die Tour zu verfolgen, das bedeutet auch, an etwas teilzuhaben und das Glück eines flüchtigen Augenblickes fast komplizenhaft mit anderen Menschen zu teilen – und zwar über alle Generationen hinweg. Diese Eintracht war damals für mich eine subtile Angelegenheit, denn ich war fest davon überzeugt, nur an den sportlichen Aspekten der Tour de France interessiert zu sein. Gleichzeitig merkte ich aber sehr wohl, dass ich auch die Einstellung meiner Großmutter teilte. Indem sie die Perspektive verschob, verlieh sie der passiven Aktivität des reinen Zuschauens eine größere Tragweite und eine stärkere Legitimierung.

Wie glücklich wäre meine Großmutter wohl gewesen, wenn sie die heutigen Übertragungen noch erlebt hätte und die Etappen vollständig oder zumindest fast vollständig hätte verfolgen können!

Ich muss jedes Mal an sie denken, wenn ich dem französischen Co-Kommentator und Geschichts- und Frankreichexperten Jean-Paul Ollivier zuhöre, wie er die Vergangenheit eines Schlosses oder die geologischen Parallelen zwischen zwei Tälern erklärt. Seine detaillierten, teils sogar etwas langatmigen Ausführungen könnten mich wohl kaum fesseln, wäre da nicht der drückende Sommernachmittag mit dem beruhigenden Hubschrauberbrummen als Kontrapunkt: »Und jetzt schalten wir wieder zu Laurent Jalabert auf dem Motorrad.«

Gewinnt eine Sportveranstaltung dadurch, bis zum letzten Winkel durchleuchtet zu werden? Diese Frage habe ich mir auch schon in Bezug auf den Marathonlauf gestellt, der in den letzten Jahren immer mehr die Bildschirme eroberte. Früher, als die Konkurrenten noch wie Phönix aus der Asche plötzlich im Stadion auftauchten, hatte diese Sportart doch auch bereits ihren Reiz. Was die Tour betrifft, so muss ich zugeben, dass ich gerne dabei gewesen wäre, als sich vor den Büros der Sportzeitung *L'Équipe* in der Rue Faubourg-Montmartre noch eine Menschenmenge bildete und ungeduldig auf die Veröffentlichung der Tagesergebnisse wartete – vorgenommen von einem Mitarbeiter, der sie mit Kreide auf eine große Schiefertafel schrieb. Welche Berechnungen damals noch angestellt wurden und in Form von gegensätzlichen Spekulationen für Gesprächsstoff sorgten, bevor die endgültige Entscheidung fiel! Bevor ich einen Fernseher besaß, verfolgte ich die Tour noch im Radio, und auch aus dieser Zeit sind mir viele Erinnerungen im Gedächtnis geblieben. So wurden beispielsweise die Zeitabstände damals noch erheblich weniger professionell ermittelt als heute: »Jean-Paul, wir geben Ihnen die Zeiten durch, wenn die Führungsgruppe an einem Herrn in kurzen Hosen und Kappe vorbeifährt, der an einem rot-weißen Sonnenschirm steht. Hallo, Jean-Paul, können Sie mich hören? Hier Tour-Radio …«

Die Übermittlung der Zeiten – das war damals noch eine Art Hobby der Zuschauer, die bei der Tour auf diese Art selbst eine strategisch wichtige Rolle einnehmen konnten. Seit der Einführung des »Knopfes im Ohr« scheint dieser Bedarf endgültig entfallen zu sein. Doch ist er es wirklich? Waren die Zurufe des aufgeregten Zuschauers, der in wichtiger Mission 50 Meter neben einem Fahrer herlief, für diesen insgesamt gesehen nicht weniger unangenehm, als die ihm heute ins Ohr gekrächzten Anweisungen seines Sportlichen Leiters?

Wir sind wohl alle etwas mehr in der Vergangenheit verhaftet, als wir es wahrhaben möchten. In erster Linie dürfte dies damit zusammenhängen, dass die Gefühlsempfindungen aus biologischen Gründen in jüngeren Jahren stärker sind als später. Hinzu kommt, dass die Tour de France naturgemäß selbst stark mit der Vergangenheit verbunden ist. Ich habe in meinem Buch *Der erste Schluck Bier* folgenden Satz geschrieben, zu dem ich mich auch heute noch uneingeschränkt bekenne: »Wir sehen niemals nur eine Tour de France, wir sehen immer alle.« Denn es wird immer wieder deutlich, dass der wahre Star bei der Tour nicht der jeweilige Champion ist, sondern die

1903
1939 *Auf Entdeckungsreise*

Caen (1938)
Der Schauspieler Lucien Cazalis ruft zum Appell. Jacques Goddet ist zufrieden.
L'Équipe

Pontarlier (1933)
Wenn die Tour zu Besuch kommt, wird der Marktplatz zum Festplatz umfunktioniert.
L'Équipe

Bordeaux (1921)
Endlich eine Stadt – auf der 482 Kilometer langen Etappe von Sables-d'Olonne nach Bayonne eine willkommene Abwechslung *(nächste Doppelseite).*
L'Équipe

PETIT-BEURRE

HÔTEL CAFÉ
RESTAURANT
GARAGE
DINER
ET A LA CARTE
CHAMBRES

LOCATIONS
VISITEZ
LES GRANDS MAGASINS DU
LOUVRE
PARIS Place du Palais Royal PARIS
COIFFEUR
AGENCE DE LA GARE
LOCATIONS

Poissy (1922)
38 Ausreißer auf dem Weg nach Paris – das kann sich in Poissy nun wirklich keiner entgehen lassen. In Sonntagskleidung strömen die Menschen an die Strecke, nicht wenige kommen mit dem Fahrrad *(vorhergehende Doppelseite).*
L'Équipe

Lamballe (1925)
Der Faszination Tour de France kann sich niemand entziehen *(oben).*
L'Équipe

Col du Soulor (1936)
Fahrer und Zuschauer in der Anstrengung vereint. Eine schöne Symbiose *(rechte Seite oben).*
AFP

Bei Amiens (1932)
Endlich wird sie für das lange Warten belohnt! Eine junge Dame freut sich über einige vereinzelte Fahrer *(rechte Seite unten).*
AFP

Longuyon (1933)
»Diesen unvergesslichen Augenblick darfst du auf keinen Fall verpassen, mein Sohn!«
AFP

Bei Metz (1924)
Man zollt sich gegenseitig Respekt: strammstehen für die Helden der Straße.
L'Équipe

Am Fuße des Col de Puymorens (1933)
»Ein Glas Wasser bitte. Zum Mitnehmen.«
AFP

La Crau (1925)
»Ist es andersherum etwa einfacher?« Interessante Streckenführung: Begegnung der Tour de France mit dem Circuit du Midi *(vorhergehende Doppelseite)*.
L'Équipe

Côte de Laffrey (1933)
Nur ein kleines Schlückchen auf die Freundschaft.
AFP

Caen (1935)

Mit Musik scheint sich der Belgier Romain Maes gut auszukennen. Fredo Gardoni engagiert ihn vom Fleck weg.

L'Équipe

La Roche sur Yvon (1936)

Nach dem Wiegetritt der Walzerschritt …

AFP

Cholet (1936)

Sylvère Maes auf der Suche nach jungen Talenten.

AFP

Luchon (1938)

Raoul Lesueur trommelt das Feld zusammen.

L'Équipe

Luchon (1938)
Bei der Tour hinter Gitter geraten. Doch André Leducq und Robert Tanneveau scheinen es mit Humor zu nehmen *(oben)*.
L'Équipe

Straßburg (1921)
Jules Deloffre stecken 371 Kilometer in den Beinen – kein Wunder, dass er es auf den Händen probiert.
L'Équipe

Evian (1935)
Für den stärksten Mann der Welt Charles Rigoulot ist Romain Maes ein Leichtgewicht *(oben)*.
L'Équipe

Les Sables-d'Olonne (1924)
Der Artist Herbyns begleitet die »Große Schleife« mit Tausenden von kleinen Schleifchen.
L'Équipe

Bei Marseille (1939)

Besenwagen? Aber nicht doch! René Vietto durchfährt seine Heimat im Gelben Trikot.

L'Équipe

Bei Straßburg (1923)
Joseph Normand macht in den Vogesen Jagd auf Panamahüte.
L'Équipe

GE 13807

Col de la Faucille (1936)
Ein Königreich für einen Schirm.
AFP

Pontarlier (1922)
Nass bis auf die Knochen. Aber bei der Tour werden auch die letzten Kräfte mobilisiert.
L'Équipe

Col du Tourmalet (1927)
Fernand Moulet im Kreise einiger Radwanderer.
L'Équipe

Dalstein (1921)
Es geht doch nichts über ein kühles Bierchen.
L'Équipe

Verdelais (1922)
Am Brunnen vor dem Tore … *(linke Seite oben).*
L'Équipe

Bei Aix-les-Bains (1936)
Was ein echter Radsportler ist, der verschmäht keinen guten Tropfen *(linke Seite unten).*
AFP

LUTZ & RO
Le duo comique intern

Reims (1938)
Roger Lapébie (links), der die Tour 1937 gewann, übergibt zufrieden an Gino Bartali.
L'Équipe

Caen (1930)
Antonin Magne als Koch – die Wade von Francis Pélissier könnte sich allerdings als eher zäh erweisen *(linke Seite oben)*.
AFP

Pau (1938)
Sylvère Maes zieht die Jugend in seinen Bann. Ein echter Champion *(linke Seite unten)*.
L'Équipe

Royan (1938)

Am Strandtag einmal freundlich lächeln – Georges Speicher im Kreise seiner Lieben.

L'Équipe

Nizza (1935)
Jean Aerts und Romain Maes von Autogrammjägern umzingelt.
L'Équipe

Beauvais (1924)
Die Fahrer sind überall willkommen und dürfen sich in ganz Frankreich zu Hause fühlen.
L'Équipe

Mülhausen (1925)
Feststimmung in Blau-Weiß-Rot beim Sieg von Nicolas Frantz *(oben)*.
L'Équipe

Hostens (1933)
So viel ist an dieser Verpflegungsstelle nicht jeden Tag los *(folgende Doppelseite)*.
L'Équipe

DU COMMERCE
LATIL

CONT
DE FRANCE
YCLISTE

92 41-13

Nizza (1921)
Luigi Lucotti im Kreise seiner stolzen Freunde.
L'Équipe

Straßburg (1923)
Ein Heimspiel für Sieger Joseph Müller, dessen Familie für sämtliche Entbehrungen entlohnt wird *(linke Seite)*.
L'Équipe

Marseille (1938)
Costante Girardengo mit Gino Bartali. Welch eine Freude!
L'Équipe

Nizza (1932)
Wer ist der Glücklichere der beiden? Sieger Francesco Camusso oder der Journalist von *La Stampa,* Vittorio Varale? *(Rechte Seite oben)*
L'Équipe

Hendaye (1930)
Den feschen deutschen Tour-Champions wird man doch wohl einen schmachtenden Blick zuwerfen dürfen … *(rechte Seite unten).*
L'Équipe

1947
1989
Geschichte
einer Leidenschaft

Paris (1950)
Fahrt frei für die Radchampions. Der Vorsitzende des Gemeinderates der Stadt Paris durchschneidet das Startband gemeinsam mit Regisseur Orson Welles *(rechte Seite oben).*
L'Équipe

Luchon (1978)
Lino Ventura und Bernard Hinault – ein neues Komikerduo? *(Rechte Seite unten)*
L'Équipe

Paris (1948)
Der Komiker Bourvil gibt den Startschuss.
L'Équipe

Paris (1947)
Paris, je t'aime … je t'aime, je t'aime … Endlich darf die Hauptstadt Frankreichs wieder die Tour feiern *(vorhergehende Doppelseite).*
L'Équipe

BAR
MIKO
INVITÉ D'HONNEUR

CINZAN
PHARO

Marseille (1947)
»Oh, là, là! Sind die etwa alle wegen uns gekommen?« *(Vorhergehende Doppelseite)*
L'Équipe

Bei Dax (1958)
Für Darrigade, der aus der Region stammt, werden Fahnen gehisst und Bäume erklommen.
L'Équipe

Bei Paris (1964)
Profi Anquetil konzentriert sich auf die Straße und lässt sich von den Banderolen und Anfeuerungen nicht ablenken *(oben)*.
L'Équipe

Marseille (1957)
André Trochut landet im Graben. Es ist nichts passiert, wir dürfen lachen *(unten)*.
L'Équipe

Brest (1952)
Géminiani beim Versuch, sich als Bretone auszugeben. Doch so richtig daran zu glauben scheint er wohl selbst nicht *(folgende Doppelseite)*.
L'Équipe

LA

GITANE
ROPOLE

Marie-Antoinette
VIVE BOBET
Marie-Antoinette
DIT
VIVE BOBET
9ive LEGUILLY
La Cigale
VIENS à La Maison

Bei Aix-les-Bains (1974)
Wie die Orgelpfeifen.
L'Équipe

Bei Paris (1953)
Ob die Fahrer Zeit haben, das alles zu lesen? *(Linke Seite oben)*
L'Équipe

Bei Hasselt, Belgique (1981)
»Mein Fahrrad ist aber genauso schön!« *(Linke Seite unten)*
L'Équipe

Cœur volant, Louveciennes (1947)
Mit einem kleinen Tänzchen lässt sich das lange Warten auf den großen Moment versüßen.
L'Équipe

Bei Royan (1966)
Meinungsverschiedenheiten? Zumindest in dieser Gruppe sind sich alle einig.
Universal/TempSport/Corbis

Bei Luchon (1947)
Die drei Protagonisten: Tour de France, Zuschauer und Frankreich *(folgende Doppelseite)*.
L'Équipe

Kerlois (1939)

Auch die Fratres aus dem Orden der Weißen Väter lassen es sich nicht nehmen, die Fahrer anzufeuern.

AFP

Boulogne-sur-Mer (1949)
Eine Kirche grüßt die Tour de France. Nicht umsonst heißt es wohl »wie Gott in Frankreich«.
L'Équipe

02
25

Marseille (1953)
Hoffentlich vergisst der hier heimische Raoul Rémy nicht weiterzufahren!
L'Équipe

Saint-Méen-le-Grand (1949)
Louison Bobet grüßt den Nachwuchs. Die Tour zeigt sich von ihrer menschlichen Seite *(linke Seite oben)*.
L'Équipe

Rouen (1965)
Jacques Anquetil als Zuschauer. Die Tour ganz ohne mich? Wo kämen wir da hin! *(Linke Seite unten)*
L'Équipe

Col de l'Izoard (1953)
In der Geröllandschaft Casse Déserte betätigt sich Fausto Coppi für Lucien Teisseire als Edel-Schattenspender.
L'Équipe

Bei Bordeaux (1966)
»Auf euch und die Tour!«
L'Équipe

Pont-Farcy (1958)
Aha, als Radprofi darf man sich also schmutzig machen! Dürfen wir das später auch? *(Folgende Doppelseite)*
L'Équipe

Rapha
GITANE
G. S.
CARPANO
HELYETT
LEROUX
MERCIER BP
G. S.
PHILCO
LA CAPTIVANTE
47
55

Vitton, Belgien (1952)
Volksfeststimmung an der Verpflegungsstation.
L'Équipe

Colombey-les-Deux Églises (1960)
Hoher Besuch. Charles de Gaulle bei der Tour de France *(linke Seite)*.
L'Équipe

Dax (1965)

»Meer in Sicht?« – »Nur Land und Berge, so weit das Auge reicht.«

L'Équipe

Caen (1965)

Fahrverbot? Darüber können Jean-Claude Lebaube und André Darrigade nur müde lächeln *(links)*.

L'Équipe

Luchon (1964)

Tom Simpson erfreut die Kinder und die alte Dame als Akrobat.

L'Équipe

Perpignan (1964)

Jacques Anquetil ist einem Späßchen niemals abgeneigt. Georges Groussard lässt es sich gerne gefallen.

L'Équipe

Bordeaux (1950)
»Wir mögen zwar Wasserträger sein, aber Wasser von oben haben wir nicht bestellt!«
L'Équipe

Colomiers (1974)
Die Tour ist ein Volksfest, und die Champions wissen, wo die Musik spielt.
L'Équipe

Rouen (1954)

Louison Bobet als Gendarm – lange vor Louis de Funès *(oben links).*

L'Équipe

Luchon (1962)

Tom Simpson als erster Engländer im Gelben Trikot. So smart … *(unten links).*

L'Équipe

Bei Melun (1975)

Kein einziger Zuschauer auf dem Planet der Affen *(oben rechts).*

L'Équipe

Bei La Grande-Motte (1969)

Kein Wunder, dass die Ente schneller ist *(unten rechts).*

L'Équipe

Bei Gap (1953)
»Ein Eis könnte ich jetzt gut vertragen.« – »Vanille oder Himbeere?«
L'Équipe

Aix-les-Bains (1962)
Wein- oder Wasserkönigin? Das ist hier die Frage. Raymond Poulidor auf der Suche nach der Antwort.
L'Équipe

Bei Chamonix (1963)
Wenn die Hyänen an der Tränke einfallen, muss die Gazelle die Beine in die Hand nehmen.
L'Équipe

Bei Metz (1964)
Überfall!
L'Équipe

Bei Colmar (1957)
Nichts wie hinein ins kühle Nass *(oben).*
L'Équipe

Caudiès-de-Fenouillèdes (1952)
Ist hier vielleicht gerade Wasser zu Wein geworden? *(Unten)*
L'Équipe

Bei Grenoble (1961)

Kalte Dusche gefällig?

L'Équipe

Bei Pau (1971)
Wasser marsch! »Ich auch, bitte!«, scheint Eddy Merckx zu denken.
L'Équipe

Bei Montpellier (1964)
»Für euch alleine ist das doch bestimmt sowieso viel zu viel.«
L'Équipe

CYCLES GITANE

Limoges (1951)
Falls Hugo Koblet ein Essen in vertrautem Kreise vorgeschwebt hatte, war das wohl nichts.
L'Équipe

Morzine (1981)
Bernard Hinault beim Boule-Spiel. Was ein echter Franzose ist, der möchte darauf auch bei der Tour de France nicht verzichten *(linke Seite)*.
L'Équipe

Col du Portet d'Aspet (1947)
Sieben Jahre lang sind sie nicht hier gewesen. Da wird es höchste Zeit! *(Folgende Doppelseite)*
L'Équipe

L'EQUIPE
SPORTS

135
l'Humanité

Bei Besançon (1963)

Jacques Anquetil absolviert diesen Anstieg scheinbar spielerisch.

L'Équipe

Puy-de-Dôme (1964)

Hier hingegen muss er die Zähne zusammenbeißen. Aber bekanntlich gilt: Geteiltes Leid ist halbes Leid.

L'Équipe

Montargis (1969)
»Eddy, du bist unser Held!«
Universal/TempSport/Corbis

Bei Aurillac (1959)
Ein Viadukt und ein Tankwagen. Wenn die Tour kommt, hält das echte Leben für einen Augenblick inne *(vorhergehende Doppelseite).*
L'Équipe

Bei Aix-les-Bains (1974)
Im Moment keine Augen für die hübsche Bewunderin.
L'Équipe

Bei Montereau (1950)
Nur noch 85 Kilometer bis nach Paris. Endlich ist es fast geschafft *(oben)*.
L'Équipe

Bei Bordeaux (1954)
Noch 299 Kilometer! Soll man da lachen oder weinen?
L'Équipe

Bei Versailles (1964)
Anatole Novak mit der roten Laterne. Er scheint sich mit seinem Schicksal aber bereits abgefunden zu haben.
L'Équipe

Prinzenparkstadion (1964)
Der ewige Zweite Poulidor. Doch in den Herzen der Zuschauer sitzt »Poupou« in der ersten Reihe.
L'Équipe

Paris (1969)
Er kommt aus Belgien, heißt Eddy und ist überglücklich.
L'Équipe

Briançon (1951)
Er kommt aus der Schweiz, heißt Hugo und ist überglücklich *(unten)*.
L'Équipe

LAINES SOFIL
MAILLOT JAUNE

ATOX

HELYETT
POTIN

1990
2007

*Aufbruch
zu neuen Ufern*

L.BOLLINGER

L. BOLLINGER
HOTEL

Le Mont-Saint-Michel (1990)
Möglicherweise das Schwierigste am Beruf des Radprofis: sich nicht von dieser unwirklichen Landschaft in ihren Bann ziehen zu lassen.
Michel Deschamps / *L'Équipe*

Bei Saint-Brieuc (2004)
Raues Klima soll ja gut für die Atemwege sein *(vorhergehende Doppelseite)*.
Jérôme Prévost / *L'Équipe*

Col du Portet d'Aspet (2007)
Wer jetzt nicht Akkordeon spielt, tut es nie.
Fred Mons / *L'Équipe*

Bei Joigny (2007)
»Essen können wir später immer noch.«
Fred Mons/*L'Équipe*

Col de l'Iseran
Oh, wie sind doch die Berge schön *(folgende Doppelseite)*.
Fred Mons/*L'Équipe*

Bei Luz-Ardiden (1994)
Wer die Tour etwas abseits verfolgen möchte, benötigt ein gutes Teleobjektiv *(übernächste Doppelseite)*.
Michel Deschamps/*L'Équipe*

MARIGNY EN ORXOIS